Viele Götter

Cale Young Rice

Writat

Diese Ausgabe erschien im Jahr 2024

ISBN: 9789359949918

Herausgegeben von
Writat
E-Mail: info@writat.com

Inhalt

"ALLES IST GUT"

ICH

Das grenzenlose Springen des Meeres,
das Mundgeräusch seines Wahnsinns zum Mond,
das Brodeln seiner endlosen Zauberei,
seine Prophezeiung, die keine Macht abstimmen kann, fegte über mich
hinweg, als
ich auf dem klingenden Bug
eines großen Schiffes, das in die Sterne steuerte
Ich stand da und spürte die Ehrfurcht auf meiner Stirn
vor Tod und Schicksal und allem, was verdirbt.

II

Der Wind, der von Cassiopeia wehte, warf
mir eine klingende Rune ans Ohr;
Der Seemann in seinem Horst am Mast
sang ein „Alles gut", das an den Geist klammerte
Wie eine verlorene Stimme aus einem luftigen Reich,
wo Schiffe für immer zu keinem Ufer segeln,
wo die Zeit der Unsterblichkeit das Ruder gibt
und wie ein fernes Phantom vor der Tür des Lebens verschwindet.

III

„Und ist alles in Ordnung, o du unermüdlicher
Werfer der Welten im verwirrten Raum
" , erhob sich in mir, „Alles? Oder ist deine Hand stumpf geworden, als du
diese Welt gebaut hast, die eine erbärmliche Rasse hervorbringt?
O wurde sie zu früh oder zu spät gestartet?
Oder kann es ein Wrack sein, das
außerhalb deiner Reichweite zu einem Riff des Schicksals treibt
, auf dem sich der Sand des Vergessens für immer verschiebt?"

IV

Das Meer wurde sanfter, als ich fragte – ruhig,
voller Geheimnisse, die sich wie eine Antwort bewegten,
und aus der Unendlichkeit fiel ein Balsam,
der alte Frieden, den Gott *ist*, obwohl alles unbewiesen ist.

Der alte Glaube, dass die Abgründe der Sterne
die Seele betäuben und das Wissen in ihrer Tiefe ertrinkt.
Es gibt keine Welt, die umherirrt, nicht eine
von all den Millionen, die Er nicht bewahrt.

Der Proselyt widerruft

(*In Japan*)

Wo die schönen goldenen Götzen
in Dunkelheit und Stille sitzen,
während die Tempeltrommel feierlich und langsam schlägt;
Wo die hohen Kryptomerien
in Anbetung umherschwingen
und der Regen, der fällt, leise flüstert;
Ich kann seltsame Stimmen
der Toten und Vergessenen hören.
Auf dem schwach aufsteigenden Weihrauch kann ich
die Leben sehen, die ich gelebt habe,
und meine ungezeugten Leben.
Namu Amida Butsu hat Mitleid mit mir!

von einer Mutter in Chuzenji
geboren ,
wo Nantai-zan in den See hinunterblickt;
Wo die weißen Pilger
zu Altären in den Wolken hinaufsteigen
und die heilige Morgendämmerung des Ostens erwachen sehen.
Dort wanderte ich umher,
bis ein Priester der Christen
mit dem Kruzifix, das er trug, meinen Blick fesselte.
In der Trauer war ich gewachsen,
also dachte ich über die Trauer nach.
Namu Amida Butsu , halte meine Tage!

Es sei falsch, sagte er mir,
Jiso für meine Kinder
und Binzuru für die Heilung meiner Krankheiten zu beten.
Und so viele unserer Götter
wurden in Sünde empfangen, sagte er,
von Lord Shaka bis zum Geringsten auf den Hügeln.
Verzweifelt lauschte ich,
denn mein Herz schlug hoffnungslos.
Kein Tempel meines Landes hatte mir zum Leben verholfen.
Aber leider an diesem Tag
, an dem ich meine Seele taufen ließ!
Namu Amida Butsu , O vergib!

Für den Christus, den sie mir gaben,
als das einzige Gesetz und den einzigen Lotus,
als den einzigen Weg zum Licht, der nicht schwinden wird,
mag er vielleicht Kraft
für die Menschen im Westen haben,
aber für mich schien er der Diener des Schmerzes zu sein.
Denn unter Schmerzen starb er
als jemand, der der Leidenschaft geboren wurde.
In einem anderen Leben war seine Sünde zweifellos groß,
obwohl sie mir Nein sagten,
diejenigen, die ihm folgten und schätzten
. *Namu Amida Butsu* , das ist Schicksal.

Also noch einmal zu den Idolen
des Buddha, der grenzenlos ist.
Während die Tempeltrommel durch den Regen schlägt,
habe ich mich vom Verrat
in die Wahrheit der Meditation verwandelt,
vom Streit, den der westliche Gott als Gewinn ansieht.
Und wenn ich jetzt sterbe
, wie mir die Stimmen sagen,
werde ich demütig zu den Leben gehen, die ich leben muss;
Bis meine lange Trauer
im Nirvana endet und mein Seufzen.
Namu Amida Butsu , sei es so!

LIEBE IN JAPAN

ICH

Libellenbeleuchtung
Auf der Tempelglocke,
Wessen Seele hörst du
am Tag der Toten?
Die Seele meines Geliebten?
Oh, ich, die Notlage
zwischen zwei Herzen
, die nie verheiratet waren!

Libelle, schnell,
der Priester kommt!
Oh, der Boom
der bitteren Glocke!
Jetzt bist du weg
und meine Tränen fließen dick.
Wie zum Himmel
machen die Götter die Hölle!

II

Der Sêmi schweigt
(Herbstregen!)
Die Windglocken klingeln
(Wie kalt es ist!)
Die schnellen Lichter kommen
auf den Shoji-Scheiben.
Komm, oh Baku,
Traumfresser!

Der Ahorn verdunkelt sich
(ich werde blass!)
Die nahe Nacht erschauert
(Der Tempel verblasst.)

Eindringliche Liebe
wird nicht aufhören zu weinen!
Komm, oh Baku,
Traumfresser!

Die wilden Nebel sammeln sich
(Ah, meine Tränen!)
Die Fensterscheiben verschwinden
(Für einige gibt es Ruhe.)
Aber für mich –
Die erinnerten Jahre!
Komm, oh Baku,
Traumfresser!

AHORNBLÄTTER AUF MIYAJIMA

Der Sommer ist gekommen,
der Sommer ist vergangen,
und die Ahornblätter heben Feenhände
, die sich im Wind der Morgendämmerung kräuseln,
wo die dunkle Pagode steht.
Sie kräuseln sich und winken sehnsüchtig
ihren Schwesterfeen über dem Meer zu,
doch Hilfe kommt nicht,
also fallen sie und fliehen

Vom Herbst über den Sand.

Und den Berg hinunter
und in die Flut,
einige werden dorthin geblasen, wo die Sampans gleiten,
und einige werden an der Seite des Tempels verstreut,
Und einige bei den Torii.
Aber der Herbst
verfolgt sie immer wieder, bis er
, wie immer zuvor,
seinen Willen hat
und sie trostlos, tot und still zurücklässt,
verwüstet von weitem und weithin;
Lässt sie verlassen zurück; schrill schreiend:
„Keine Schönheit wird bleiben!"

TAIFUN

(*In Hongkong*)

Ich war müde und schlief auf dem Gipfel;
Die Luft hing dicht wie ein Leichentuch,
und immer hing das Summen der blauen Fliege in meinem Ohr,
eindringlich, heiß und laut;
Ich erwachte und der Himmel war dunkel
vor Ehrfurcht und einer Angst, die bald
mein Herz erbebte, denn ich wusste,
dass es Taifun bedeutete! Taifun!

Unten im Hafen, weit unten, warfen sich
die Dschunken wie Vögel in einem Schwarm
in flügelloser Angst hin und her oder flohen
vor dem Schock flatternd herein.
Die Stadt, eine atemlose Biegung
von Dächern, vom Wasser übersät,
Lag schweigend und wartend da, doch da war niemand
außer dem besagten Taifun!

Dann kam es, wie eine Million Winde,
die unermesslich verrückt geworden sind,
ein heißer und gewundener Sturm, der
von der Vergewaltigung der schönen Südsee gestochen wurde.
Und es fegte wie ein Scud, der
den Kratern der Sonne oder des Mondes entkam,
und schlug zu, wie keine Macht des Himmels
oder der Hölle es vermochte – ein Taifun! Taifun!

Und die Dschunken wurden geschlagen und zerrissen,
die Ertrinkenden kämpften und weinten,
oder sie stürzten auf die Granitwände des Meeres und
starben erfolglos.
Bis ich den Anblick vor meinen Augen verschloss
und darum betete, dass meine Seele ohnmächtig würde:
Wenn ich jemals Gottes Angesicht sehe, lass es
frei von Schuld an diesem Taifun sein!

PENANG

Ich möchte zurück nach Singapur
und mit dem Schiff entlang der Meerenge
zu einem Bungalow, den ich kenne, neben Penang;
Wo Kokospalmen entlang der Küste
winken und die Tore
des Friedens das Leid für immer verschließen.
Ich möchte zurückgehen und die Brandung hören
, die nachts hereinbricht,
wie die Wäsche der Ewigkeit über die Toten.
Ich möchte sehen, wie die Morgendämmerung anbricht und der Tag
in goldenem Licht untergeht.
Ich möchte zurück nach Penang!
Ich will zurückgehen!

Ich möchte zurück nach Singapur
und entlang der Meerenge
Zu dem Bungalow, der bei Flut auf mich wartet.
Wo die Tamilen und Malayen am Abend ihre Geschichten erzählen
– und das Schicksal
keinen friedlosen Krebs in den Kern des Lebens gesetzt hat.
Ich möchte zurückgehen und mein Herz heilen,
unter dem tropischen Mond,
während der Tamarindenbaum Gedanken an den Schlaf flüstert.
Ich möchte glauben, dass die Erde wieder
mit dem Himmel im Einklang ist.
Ich möchte zurück nach Penang! Ich will zurückgehen!

Ich möchte zurück nach Singapur
und per Schiff entlang der Meerenge
zu dem Bungalow, den ich am Strand zurückgelassen habe.
Wo der Schaum der Welt schwächer wird, bevor
er eintritt, und in seiner Bedeutung nachlässt
, während ich den Palmenwind strömen höre.
Ich möchte zurückgehen und meine Tage beenden.
Eines Abends, wenn das Kreuz
Am südlichen Himmel hängt schwer, weit und traurig.
Wenn ich sterbe, möchte ich mich daran erinnern,
dass das Leben anderswo ein Verlust war.
Ich möchte zurück nach Penang! Ich will zurückgehen!

WENN DER WIND NIEDRIG IST

(*Zu AHR*)

Wenn der Wind schwach ist und das Meer weich ist
und die fernen Hitzeblitze
am Rande des Westens spielen, wo dunkle Wolken
auf einer dunkleren Dunstbank nisten;
Wenn ich mich mit dir, die ich liebe, über die Reling lehne
und nach Herzenslust schaue;
Ich weiß, dass der Himmel dort oben ist –
Aber du bist mein Firmament.

Wenn die Phosphorsterne vom Bug geworfen werden
und die Wache das Leichentuch hinaufsteigt;
Wenn der dunkle Mast sich senkt, während das Schiff
durch den Schaum gleitet, der laut brodelt;
Ich weiß, dass die Jahre unseres Lebens nur wenige sind
und wie ein Vogel gern fliehen.
Diese Zeit ist so kurz wie ein Tautropfen –
Aber du bist die Ewigkeit.

DER PAGODENSKLAVE

(Bei Shwe Dagohn, im alten Rangun)

Die ganze Nacht lang hört der Pagodensklave
die Windglocken hoch in der Luft,
die mit leiser, süßer Zunge und ernstem Klang
zum Lob von Lord Gautama klingeln.
Die ganze Nacht, wo der einsame Turm
seine goldene Höhe zum Sternenlicht sendet
, hört er ihre Melodie
und beobachtet den Mond
und fürchtet, dass er niemals das Nirvana erreichen wird.

Rund und rund um hundert Schreine,
die an der Basis des großen Shwe glitzern,
fällt das Geräusch seiner Füße in der Mittellinie,
dröhnend von der heiligen Weisheit.
Rund und rund, wo die Idole
so erbarmungslos auf seine schmerzliche Not blicken
, geht er vorbei, blassäugig und blass –
ein Paria wie die Hunde hinter ihm.

Oh, welche Sünde in einem Leben
hat er vor Tausenden von Leben gesündigt
, dass er jetzt von allen vergessen ist,
sogar von Lord Gautama?
Oh, was für eine Sünde, dass die Niedrigsten
Seinen Namen als Schande meiden
– Ein Klang, der
die Winde verdirbt, die schwächer werden,
Von den hohen Glocken, die ihn hören!

Mitternacht kommt und die Stunden des Morgens,
Kerzen sterben und die Blumen alle
Von den gefeiertsten Altären: verloren
und trostlos ist ihr Geruch.
Mitternacht vergeht, aber er schaut immer noch zu.
An jedem kalten Turm entzündet der Mond Feuer,
an jeder Palme,
unter deren silberner, ruhiger
Säule und juwelengeschmückter Veranda sie beten.

Ist es die Morgendämmerung, die anbricht? ... Nein,
nur ein Stern, der ins Meer fällt,
nur der lautere Lobpreis einer Windglocke
für Lord Gautama.
Treulose Morgendämmerung! mit illusorischen Füßen
Es kommt zu spät, um sein Schicksal zu erleichtern.
Er schläft
als hilfloser Haufen ein,
auch wenn er dafür vielleicht nie das Nirvana erreichen wird.

DIE SCHIFFE DES MEERES

Im Hafen, als die Sonne unterging,
fuhr ich mit dem Schiff, das meine Liebe trug,
über die Brandung, in wilder Aufregung,
unter dem Himmel, der darüber schien.

Ich rannte zum Strand hinunter, um ihn zu treffen.
Er würde kommen, wie er gesagt hatte:
Und er kam – im Sarg eines Seemanns,
tot!...

O ihr Schiffe des Meeres! Die Frauen
Sie von allen hoffen, aber der Himmel scheidet aus!
Die Flut hat mir jetzt nichts mehr zu sagen,
die Brandung bricht mir nur das Herz!

KINCHINJUNGA

(Das ist der nächsthöhere Berg)

ICH

O weißer Priester der Ewigkeit, um
dessen hohen Gipfel sich Wolken verhüllen, die
das uralte Opfer der Erde
für Brahma darbringen, in dessen Atem alles lebt und stirbt;
O Hierarch, eingehüllt in zeitlosen Schnee,
Erstgeborener Asiens, dessen mütterlicher Kummer
sich jetzt in eine Million menschlicher Leiden zu verwandeln scheint.
Heilig bist du und immer noch! Sei so, noch höre
einen einzigen Seufzer des ganzen Geheimnisses, das in dir gefunden wird.

II

Denn in dieser Welt ist zu viel unklar
, unsterblicher Diener vieler Länder,
von deren Eisaltären
Flüsse zu schwindenden Sanden fließen, die jedes Trankopfer ausgießt, das
sich ausdehnt.
Zu viel ist bekannt, oh Ganges-gebender Vater;
Dein Volk ergründet das Leben und findet es schrecklich.
Dein Volk ergründet den Tod und darin das Feuer.
Um wieder zu leben, obwohl in der Sphäre der Illusion,
sieh verborgen wie Trauer in einer Träne.

III

Darum setze, immer noch verankert, deine Riten fort,
denn der dunkle Thibet, dieser gefürchtete Asket, fällt
in seltsame Strenge, dessen Trance erschreckt,
vor dir und ein Bittsteller ruft dich an.
Beharre weiterhin in deinem Schweigen, hoch und sicher,
dass etwas jenseits der Flüchtigkeit bestehen möge –
etwas, das die Fantasie für immer
zu mystischen Flügen verleiten wird
, in denen allein kein Flügel des Bösen erleuchtet.

IV

Ja, umhülle deine schrecklichen Abgründe und Akolythen
aus emporgehobenem Granit mit unerreichbarem Schnee.
Stehen Sie für die Ewigkeit, während Pilgerreihen
aller Nationen Ihre Ruhe beneiden.
Umhülle deine dunklen, unbeschuppten Erhabenheiten.
Sei der Einzige auf Erden, der nicht versagt hat.
Sei das, was sich noch nie gesehnt hat oder gelitten hat,
sondern seit die Urkraft deine Höhen erhob,
über allen Toden und allen Freuden stand.

V

Und dein erhabenerer Bruder soll König sein,
Hohepriester seist du für Brahma, unverhüllt,
während deine weiße Heiligkeit für immer
in eisiger Stille versiegelt und das Verlangen geronnen lässt.
In gespenstischen Diensten für die Sonne
und für die bettelnden Sterne und die Mondnonne.
Sei heilig, bis Ost nach West verflossen ist
und bis kein Opferleiden
an irgendeinem Schrein mehr übrig ist, um den Stachel des Lebens zu
verkünden.

Die unfruchtbare Frau

(*Benares*)

Am brennenden Ghat, oh Kali,
göttliche und schreckliche Mutter,
sieh, ich warte mit offenen Lippen
auf die frisch Verstorbenen.
Ich bin kinderlos und unfruchtbar; Mitleid
und lass mich die Seele
dessen einfangen, der hier auf der angezündeten Bahre
den Tribut an die Existenz zahlt.

Schau, bei seinem arglosen Körper
koche ich das Brot und esse es.
Gib mir die Seele, die er jetzt nicht braucht
, für eine süße Empfängnis.
Hören Sie, oder mein Herr und Ehemann
wird mich von seiner Tür wegschicken
Und nimm eine schönere Braut an seine Seite,
deren Brust weniger arm sein wird.

Oft habe ich deine Tempel gesucht,
jetzt suche ich am Ganges,
wo die Asche aller Toten verstreut ist,
und ist mein Gebet nicht sanftmütig?
Die Ghats und die Schreine und die Menschen
, die im heiligen Strom baden,
haben meinen Schrei gehört, oh erhabene Göttin:
Soll ich meinen Traum nicht haben?

Die Frauen von Oudh und Jaipur
schauen mir verächtlich ins Gesicht.
Kinder klammern sich an ihre Kleider.
Mir soll keiner geboren werden?
Die Todesfeuer zittern schneller,
oh beeile dich, Göttin, ein Zeichen,
dass dein göttliches Versprechen von diesem Untergang bis in meinen Schoß
vorübergegangen ist.

Weh! Es gibt nichts als Asche,
und die Weiner gehen.

Einsam auf dem Ghat lassen sie mich allein,
allein mit dem Fluss des Flusses.
Kali, ich bitte nicht um Juwelen
, noch um Gerechtigkeit, Schönheit oder List,
sondern um das Recht der niedrigsten Frau.
Ein Kind – auch wenn ich an der Gabe sterbe!

VOM TAJ MAHAL

Unter den indischen Sternen,
Mumtaz Mahal, sitze ich und
beobachte, wie sie sich ihren stillen Weg
über dein wehmütiges Grab schlängeln;
Beobachten Sie den sichelförmigen Bug
des Mondes, der zwischen ihnen flattert,
schön wie die Schalotte, die Ihre Seele
in den Raum des Paradieses trug.

Unter den indischen Sternen,
mit Palmen und Peepul um mich herum,
mit Kuppel und Kiosk und Minarett,
die sich gegen den Himmel erheben,
scheine ich dein Gesicht
in aller Schönheit ohne mich zu sehen;
In all der Traurigkeit, die mein Herz erfüllt,
den Schrei deines Geliebten zu hören.

Unter den indischen Sternen
suche ich nach deinem Jasminturm,
entlang des Flusses, dessen karges Bett
grau unter dem Mond liegt.
Und durch seine magischen Türen
scheinst du wie eine Geisterblume zu sein,
die von Allahs Ziel zurückwandert
, um nach einem verlorenen Segen zu suchen.

Unter den indischen Sternen
sehe ich dich sanft bewegen,
zwischen deinen juwelenbeleuchteten Jungfrauen dort,
eine süße und gespenstische Königin,
und der Duft von Attar, der
in dein Marmorbecken geworfen wird, scheint zu beweisen,
dass Leidenschaft niemals durch Liebe sterben kann,
wenn es wirklich Liebe gegeben hat.

Unter den indischen Sternen kommt
Er, „der Schatten Allahs
", Jehan, der Herr der Herrlichkeit,
Der Lehnsherr, der dein Herz hält.
Die silbernen Türen schwingen zurück

und allein mit ihm heiligst du
die verliebte Nacht, deren Mond solche Visionen in mir geschaffen
hat .

Unter den indischen Sternen –
Aber das Ende von allem ist Stöhnen!
Ich höre seinen letzten Atemzug, der aus
Deinem Grab niemals sterben wird.
Denn jede Jaspisblume,
die Er in seinen Traum gesetzt hat, scheint
der Schönheit einen Kummer, Mumtaz Mahal,
und dem Schicksal einen Seufzer zu verleihen.

Die Liebe ist ein Zyniker

ICH

O ihr Dichter, die ihr immer vortäuscht,
die Liebe sei unsterblich, verkündet die Wahrheit!
Leere deine Bücher mit Lügen, das Ende
keiner Leidenschaft kann sein – Jugend.
„Der Himmel", hauchst du, „wird sich den Gebrochenen anschließen?
" Komm, war der Unendliche jemals verheiratet, dass er immer
an dein Hochzeitsbett denken musste ?

II

Sag die Wahrheit! Obwohl es den Glamour
aus deinen Reimen herausschneidet und deinen Traum zerreißt.
Glauben Sie, dass Worte lieben können?

Tod und Austrocknen von Lethes Strom?
Tod? Es ist nur ein Schwamm, der vorüberzieht,
Einer, den der Appeaseless jeder
in die Flut von Lethe zurückquetschen wird – deren Dauer
Ewigkeiten beträgt.

III

"FALSCH!" schreist du, „und eine unziemliche
Gotteslästerung!" – Nun, sieh dich um.
Lässt sich die Wahrheit nicht nur in der Lästerung
finden?
Ob es so ist, eines bitte ich euch,
Liebende und Dichter, sagt es, ich bete:
Gab es jemals ein Ende eines Liebesschwurs
vor dem Jüngsten Tag?

IV

„Oh", antwortest du, „Übel ist in allen Dingen."
Aber was ist an einer alten Lüge gut?
Ist es nicht besser, die Dinge einfach so zu nennen,
wie sie sind – und nicht so, wie wir es tun würden?
Wenn du dich an deine Geliebte klammerst,

hat die Liebe das Gesicht der Ewigkeit.
Dann klammere dich an sie, aber wisse, dass Wanting
Fools die Besten sind, die es gibt.

V

„Dennoch ihre Brauen und ihre Augen, die murmeln.
Die ganze Musik", sagen Sie, „von Gott!"
Drücken Sie ihre Lippen etwas fester –
Sie werden spüren, dass sie – scheiße sind. „
Aber es gibt eine lebendige Seele jenseits von ihnen,
und es ist die Liebe, bis alle Dinge enden?"
Kinder allein bauen Paradiese
mit nur einem Penny, den sie ausgeben können.

VI

„Ai-ho! Das ist wie der Zyniker
" , mitleidig strahlt dein Dichterlächeln, „ er hat
die ganze Zeit in der Klinik des Teufels gesessen, mit einer toten Liebe."

Ob tot oder lebendig, sie sind eins mit Leidenschaften.
Unter dem mächtigen Messer der Wahrheit
werden sie aus Verlangen bestehen –
und ein wenig Ruth.

VII

„Dann lebt die Welt auf einer Lüge?
" Manch eine Lüge hat ihren Schlund gefüllt!
„Ist es eine bessere Illusion, als
einem tödlichen, lieblosen Gesetz Glauben zu schenken?
" Es gibt ein gewisses sokratisches
Sprichwort, dass die Schweine ihres Grabes sicher sind;
Doch beweisen sie durch ihre Zufriedenheit,
dass es Bestand haben wird?

VIII

Schließe sie fest! Aber die Wahrheit ist in dir,
obwohl du sie gereimt und niedergedrückt hast,
versteckt sie mit Honigworten, die dir
Kränze einbringen, von denen du weißt, dass sie den Clown schmücken.

Könige werden sie dich nennen und Erwecker
deiner Art? Herr, bewahre das Zeichen,
dass wir immer noch vom Feuer abhängig sind
von einem so falschen Funken.

IX

Und so gern! denn du hältst unsterblich,
was vor ein oder zwei Tagen geboren wurde! „
Aber es war bestimmt?" Ja, Ihr Portal
muss nur auf Gott hören – und auf Sie! Er
mit seinen dreimal drei Millionen dürstenden
Welten im Kampf von Tod und Leben hat sicherlich noch Zeit übrig, sich für die Wahl
Ihrer ihm anvertrauten Frau zu entscheiden !

X

Bei meinem Glauben gibt es kein Geschöpf, das
wahnsinnig wie ein Dichter ist und die Brise weht!
Gib ihm eine Geliebte und er wird sie
als Meisterwerk der Schöpfung predigen.
Lass ihn sich nur eine halbe Stunde lang
über ihre Lippen beugen, und er wird schwören
, dass er unergründlich durch den Tod stürzen würde
, um sie dort wiederzugewinnen.

XI

Und glauben Sie, dass sein Eid fähig ist!
Dass es im ganzen Meer nicht
genug Wasser gibt, um die Fabel
von der Intensität seiner Seele zu löschen.
Doch es gab nie eine Rose, die blühte
und über ihren Tag hinaus Bestand hatte.
Es wurde nie ein Feuer entfacht,
aber die große Kälte setzte sich durch.

XII

„Pessimist", ist deine sterbliche Antwort,
„Warte, bis der Liebeswind dich durchdringt!

" Warte? Ich war der beste Tänzer
dafür und würde es auch tun, dummerweise
Wahrheit bis zum Tod – soll ich es bekennen? –
Nur für einen Moment auf einer Brust.
Deshalb füge ich hinzu – und Adam segne es! –
Wer einmal liebt, ist wie die anderen.

IN EINEM TROPISCHEN GARTEN

(Peradeniya, Ceylon)

ICH

Die Sonne bewegt sich hier den ganzen Tag als Meistermagierin der Natur,
mit Fingern aus Wärme und Licht, die alle Dinge zu einem mystischen
Wachstum berühren.
Sein Zauber verblasst die Zeit zum Schlafen, wie ein seltsames und starkes
Opiat,
und ein Hauch seines Zauberstabs, der Wind, bringt Verzauberung.

II

Die Pythonwurzeln des Gummibaums, in denen die Kobra in Frieden
schlüpft,
sind Wunder, die er als Vorbote seiner Macht von der Erde gehoben hat.
Und die riesigen Stängel des Bambusgrases, die der Teich in Erstaunen
versetzt,
sind ein Wunder, sie Stunde für Stunde ruhig zu halten.

III

Die langen Lianen, die in verträumter Flucht von Baum zu Baum reichen,
sind benommen von dem Saftgefühl, das er in das Gewirr ihrer Zweige
ruft.
Der scharlachrote Hibiskus steht entzückt da und die glühende Biene
sitzt wie in Erstaunen an seinem Rand

IV

Und dort warten die Palmen, der Talipot mit seinem hohen Blütenturm,
die Kokosnuss und die schlanke Areca, die lauschen,
welche Zauberei seine zitternden Strahlen des äquatorialen Feuers
als nächstes auf einen geringeren Partner legen werden.

V

Auch der Fluss, den er wie einen magischen Kreis um den Reichtum
windet,
den er hier geschaffen hat, gleitet wie eine in Trance verlorene Schlange;

Und Düfte von Nelken und Zimt, die heimlich kühl daraus schlürfen.
Gießen Sie es wie eine Totenbeschwörung in die Luft.

VI

Und unten, wo sich der Regenbaum und die üppige Brotfrucht
über seinen Fluss beugen und die fliegenden Füchse kopfüber zur Erde
hängen,
plötzlich fallen und dann auf großen Fledermausflügeln in die Höhe
schlagen, sieht man
mehr von seiner rätselhaften Zauberei in der Geburt.

VII

Den ganzen Tag über ist es so, dass sein heißer, hypnotisierender Blick
befiehlt
Mit stetigem Strahl; und die gehorsame Erde bringt Zauber hervor.
Die ganze Nacht lang singen die Hyla-Bands mit hoher Stimme in der
feuchten
Dunkelheit davon in kühlem Ton von Süden nach Norden.

VIII

Ein wundersamer Magier in einem Land, dessen Träume Wirklichkeit
werden.
So schnell wie Wolken entstehen, wenn der junge Monsun im Süden ist.
Ein Land, das aus dem Meer geboren wurde und durch es dazu bestimmt
ist,
jenseits aller Angst vor Hunger und Dürre zu sein.

Das Wort des Windes

Ein Stern, den ich liebe,
das Meer und ich, wir
redeten die ganze Nacht hindurch miteinander.
„Habe Frieden", sagte der Stern,
„Habe Macht", sagte das Meer,
„Ja!" Ich antwortete: „Und Fames Freude!"

Der Wind auf seinem Weg
nach Araby
hielt inne und lauschte und seufzte und sagte:
„Ich kam am Sand
des Grabes eines Pharaos vorbei:
All das hatte er – und er ist tot."

DAS SCHREIN DER SCHREINE

In Ägypten gibt es am alten Nil
einen Tempel aus unvergänglichem Stein,
gewaltig, mit Säulen und Hieroglyphen versehen und
der ganzen Welt als höchstes Heiligtum des Glaubens bekannt.
Halb in Trümmern steht er da, ein gigantischer Granithaufen
, auf halbem Weg in der Auferstehung verharrt.
Eine Ehrfurcht, eine Inspiration, eine Niedergeschlagenheit
für alle, die die kryptische Vergangenheit erahnen möchten.
Der Gott davon war Ammon, und eine Schar
von Anbetern aus Theben, dem königlichen Tor der Ewigkeit,
wartete an seinen glühenden Pylonen,
während die Priester immer ein prophetisches Lied erklangen.
Und doch ist dieser Ammon, der Ägypten Gesetze gab
, nicht – und wird vergessen – und war es auch nie!

VON EINER FELUKKA

Ein weißes Grab in der Wüste,
ein Araber bei seinen Gebeten,
neben dem dunklen Wasser des Nils,
wo das einsame Kamel unterwegs ist.
Ein Ibis im Sonnenuntergang,
ein langsam ruhender Shadouf
und in der Karawanserei
leise Musik für den Gast.

Über der gelbbraunen Stadt
ein Schimmer von Minaretten, der den klaren Ruf
des Muezzins widerhallt
, wenn die Sonne untergeht.
Ein Geheimnis, eine Stille,
ein Hauch seltsamen Balsams,
ein Frieden von Allah im Wind
und seine Ruhe am Himmel.

DIE ÄGYPTISCHEN ERWACHEN

Ich erwachte nachts in meinem ewigen Grab.
Der Wüstensand hatte tausend Jahre lang verborgen,
und hörte den Nilschreier durch die Dunkelheit
rufen: „Die Flut ist gekommen! flehe die Götter an!
" Ich stand in Eile auf, wie jemand, der blind hört:
Und suchte die Händler von Getreide und Wein, die
zum Lob und Dienst der göttlichen
Großen Isis von der Sklavin ausgeschlachtet wurden, die für sie trottet.
Aber als ich vorbeiging, wehe! Was war das?
Seltsame Gesichter und seltsame Moden und seltsame Fanes,
die in der Mitternacht standen; Oh, die Schmerzen
, die über den Abgrund meiner erschrockenen Gedanken hinwegfegten!
Ich stöhnte. Mein Körper zerfiel zu Staub.
Und dann floh meine Seele hierher — wohin alle Seelen müssen.

Das Gleichnis vom Imam

Siehe, der Wind der Wüste erhob sich,
Khamsin, in einem Schleier aus Sand
und fegte die libysche Wüste über
das ferne somalische Land hinweg.
Seine Stimme war erfüllt von der Dürre des Todes
und traf die Erde wie ein brennender Hauch
oder wie ein Fluch, den Allah
einer Dämonenbande sagt.

Die Karawane aus der Oase
des palmenumgürteten Kûrkûr
schauderte und bettete sich in erschütterten Haufen zusammen,
der Schrecken, den es zu ertragen galt.
Sein mächtiger Scheich, wie eine Seele in der Hölle,
die sich nach der Laute Israels sehnt,
Sehnte sich nach dem Rinnsal von Kenehs Brunnen,
unvergänglich rein!

Drei Tage lang sehnte er sich, und der Wind drei Tage lang.
Um ihn herum wirbelte das Leichentuch.
Dann brachte eine schrille Morgendämmerung die Sonne –
und eine dürre Geierschar.
Ein paar trostlose Knochen in der Wüste
liegen noch immer für den Tag des Jüngsten Gerichts, um sie zu begeistern

Wieder ins Leben – wenn Allah will:
Lass dein Herz nicht stolz sein.

LIEDER EINES SEEFAHRERS

ICH

Viele sind heute
mit gesetzten Segeln auf dem Meer.
Die Flut rollt in einem unruhigen Grau,
Der Wind weht nass.
Die Möwe ist ihrer Flügel überdrüssig,
und ich bin aller Dinge überdrüssig.

Schwere Lügen lasten auf mir,
meine traurigen Augen blicken
über die Meilen, die sinken und steigen
und immer sinken.
Mein Leben ist so gesunken und gestiegen, dass
ich möchte, dass es für eine Weile aufhört zu fließen.

II

Alle Winde des Meeres sind müde,
alle Wellen des Meeres ruhen,
alle Wünsche meines Herzens beruhigen sich
jetzt sanft in meiner Brust.
Alle Sterne, die im Himmel ankern
, goldene Bojen des elysischen Lichts,
schicken mich über den Golf und versprechen
, dass es mir gut geht.

Während also einsame Wolken
vor den Toren des fernen Westens
so still darauf warten, dass der Mond stiller
wird, der sich aus seinem Nest stiehlt,
werde ich von einer leisen Vesper festgehalten,
die in der Ferne die vage Dämmerung verfolgt,
und dann mit meiner Seele im Frieden
Geheiligtes Gutes flüstern -Nacht.

EIN LIED DER SEKTEN

(*In einer Taverne in Jerusalem*)

Ein Lateiner und ein Grieche, Gott sei Dank, sind wir, Armenier und
Kopten,
und wir sind alle betrunken, wie betrunken nur sein kann, denn wir haben
zusammen getrunken.
Keiner von uns spuckt das Glaubensbekenntnis an, während die anderen
schnurren,
aber wir alle glauben, wir alle glauben an das Heilige Grab!

Der Armenier singt

Der Kopte kommt aus dem Land Ägypten und
wird Ihnen mit prahlerischem Gesicht erzählen, dass seine Väter die
Pyramiden aufgeschichtet haben.
Auf seinen monophysitischen Christus setzen wir keinen Glauben, der
Lästerer!
Aber wir alle glauben, wir alle glauben an das Heilige Grab!

Der Lateiner singt

Der Grieche wird dich verfluchen, wenn du seine Ikons-Bilder nennst,
und deine Seele zur Hölle verdammt – bitte kein Fegefeuer!
Über die Prozession des Geistes ist er stachelig wie eine Klette,
aber er glaubt, wie wir alle glauben, an das Heilige Grab!

Der Kopte singt

Von den Ketzern lässt Gott unversehrt, die Armenier sind die
Schlimmsten.
Sie werden den Tag nicht feiern, der für Christus der Erste war.
Kein Wein mit Wasser vermischt für sie, auch keine heidnische Myrrhe –
Oder glauben Sie nicht, wie wir alle glauben, an das Heilige Grab!

Der Grieche singt

Der Lateiner schwört, sein römischer Papst sei ein unfehlbarer Richter.
Daher können Sie sehr sicher sein, dass der Teufel aus seinem Schädel
einen Toast auf alle Lügner ausstoßen wird, die eine solche Lüge
behaupten:
Sie glauben, wie wir alle glauben, an das Heilige Grab!

Ein Lateiner und ein Grieche, Gott sei Dank, sind wir, Armenier und
Kopten,
und wir sind alle betrunken, wie betrunken nur sein kann, denn wir haben
zusammen getrunken.
Keiner von uns sehnt sich danach, alle Juden an einen Wacholder zu
hängen,
denn wir alle glauben, wir alle glauben an das Heilige Grab!

DIE STADT

Sanft und schön am Rande der Wüste
und am trüben blauen Rand des Meeres,
wo weiße Möwen den ganzen Tag fliegen und
ihre Jungen auf dem Sandvorsprung der hohen Klippe flügge machen,
da ist eine Stadt, die ich gesehen habe,
irgendwann oder wo, bei Tag oder Traum,
ich weiß nicht welchen, denn er scheint
durch seine Erinnerung so verzaubert zu sein, wie ich bin.

Blasse Minarette des Propheten ragen
darüber in das Weiß des Himmels,
und seit tausend Jahren verzauberte Segel
flattern zu seinen Füßen, während die Fantasie sie steuert.
Kein einziges seiner Gesichter
ist mir bekannt – weder Leidenschaft noch Schmerz.
Es ist nichts weiter als eine Stadt am Meer, die
für immer außerhalb meiner Augen verankert ist!

ÜBER AMOROSA

(*Zu AHR*)

Wenn wir zwei gehen, meine Liebe, auf dem Weg,
den der Mond über dem Meer macht,
bis zum Ende der Welt, wo Kummer
ein Ende hat, das Ekstase ist,
sollten wir nicht an den anderen Weg
von ermüdendem Staub und Stein denken
, unseren Füßen würde es ergehen Hat sich jeder nur darum gekümmert
, den Weg allein zu gehen?

Wenn wir zwei nachts in den Himmel schlüpfen
und einen Stern finden, den wir
als Treffpunkt behalten, zu dem unsere Augen
unsere Seelen vor dem Schlafen führen können,
sollten wir nicht einen kleinen Moment innehalten
und darüber nachdenken, wie viele seufzen müssen?
Weil sie auf sternenklare Wege blicken,
ohne Herzkameraden?

Wenn wir beide uns dann unseren Träumen hingeben,
die die Freude
unseres Wanderns, wo Sterne und Ströme
in unsterblichem Licht streuen, noch vertiefen,
sollten wir nicht mit den Myriaden
vom Osten der Erde bis zum Westen trauern
, die sie nachts niederlegen, aber um
die Sehnsucht zu ertränken? für eine geliebte Brust?

Ach ja, denn das Leben hat tausend Gaben,
aber die Liebe gibt Leben.
Wer allein durch seine Welt geht, erhebt jemals
eine Seele, die voller Kummer ist.
Aber diejenigen, denen es gegeben ist,
den Weg des Mondes zu beschreiten und nicht unterzugehen,
können jemals sagen, dass der unglücklichste Weg,
den die Erde hat, bis zum Abgrund reicht.

DÄMMERUNG IN HIROSHIMA

Sanft beugt sich der Bambus,
während die Sonne glanzlos untergeht.
Sanfter endet die Weide.
Ein Seufzer in die umliegende Dämmerung.
Schnell flitzt die kurze Fledermaus
durch die fließenden
Felder der Herbstluft,
die die Stille des Stadtlärms sind.

Tempel und Strohdach und Bach
vergessen das Licht, das zurückbleibt,
Berge und Nebel im Traum
sind bereits in der Ferne verloren.
Schwach kommt der Strahl
des Mondes – dann
klimpern blinde Finger mit einem Samisen,
und im Osten rührt sich ein Stern.

DER WANDERER

Wenn das Mondlicht auf das Gesicht
des großen Buddha fällt ,
während er im Nirvana
an den Ufern von Kamakura sitzt,
wenn die Kiefern um ihn herum
sanfte Schatten zu seinen Füßen legen
, wie Opfergaben der Reue und Tränen,
höre ich in der Gnade das leise Susurra
A des Windes Stimme, die mich immer noch
zu meiner Heimat im Westen
ruft ,
aber ich habe zu lange
in der seltsamen Arkana des Ostens verweilt
und kein Verlangen mehr in meiner Brust.

Ich habe es verlassen, als ich ein Junge war.
So weit zu Hause und leider
„Es war so schön, dass meine träumende
Erde schöner wäre, war ein Wahnsinn.“
Ich habe es aus Freude verlassen
, durch die Welt zu wandern,

Und heidnische Länder habe ich gesehen!

Aber als schließlich die Süße der Freude Traurigkeit
wie Lotusblumen in meine Adern
brachte
und Vergesslichkeit Schicksal schien,
war ich zu diesem Schrein gelangt
und der Mond strahlte jetzt,
und hier habe ich gewartet – und gewartet.

Aber nicht für irgendeine Gabe
seines Gottes oder irgendeine Gnade
, nach der lebende oder sterbende
Menschen in Texten oder Sutras sehnen.
Und nicht für irgendeinen Mangel, den
das Nirvana hat, oder für Himmel,
in denen das Paradies unvergänglich lächelt.
Aber nur für das Sieben
des Windes, der für den
dauerhaften Frieden meiner Seele

in der Behausung des Grabes zu sterben scheint.
Und nur für das Driften
des Mondes, der
alles außer dem Untergang der Ewigkeit verweigert.

IN EINEM SHINTO-TEMPELGARTEN

Unter den Torii, in grün gekleidet,
schleicht der alte Priester zum Schrein.
Über der Brücke steht still der Storch,
Die Krähe krächzt nicht in der Kiefer.

In der Ferne ertönen Signalhörner, die
blutige Erinnerung an den Krieg erwacht.
Der Priester betet weiter – für seine toten Söhne,
und das Herz in ihm bricht.

WEIT FUJIYAMA

Vor dem Phantomgold des verfallenden Himmels
sehe ich den Geist von Fujiyama aufsteigen
und denke an die unzähligen Augen
, die seine vom Sonnenuntergang gekrönte Vision gesehen haben.
Der Bauer auf seinem Reis- oder Teefeld,
der Prinz in Gärten, der am Meer träumt,
der Priester, für den der Sêmi im Baum
nur der inkarnierte Klang einer schrillen Seele war.

Und während ich an sie denke, siehe, liegt plötzlich die Trance
der rückständigen Zeit und der fernen Umstände,
der alles erinnernden Geisterbeschwörung von Karma
vor meinem grenzenlosen Blick.
Es ist, als ob
mir für einen Moment die Buddhaschaft gegeben wurde; als ob verstanden
worden wäre.
Endlich waren vage Nirvanas vageres Gut;
Als ob die Zeit in lebendigem Licht aufgelöst wäre.

AUF DEM MIYAJIMA-BERG

(*Zu AHR*)

Draußen auf dem Meer reiten die Sampans
und die Berge sind voller Nebel und Sonne.
Oh, wir sind wieder in Japan
Und der Zauber ist um uns gesponnen!
Der Zauber des alten, bezaubernden Ostens,
von Buddha und vielen glückseligen Priestern,
der Zauber, der niemals aufgehört hat,
uns zu verfolgen!

Ich bin froh, dass wir die Tempeldächer
und die Laternen in religiöser Reihe sehen
, die wie Akolythen aus Stein stehen,
wo Kiefern und Kampfer wachsen.
Und über ihnen betet die alte Pagode
Segen für ihre träumenden Tage
und für die achtfachen heiligen Wege
aus dem Kummer!

Ah, und auch die Torii sind dort,
wo das Trance-Meer täglich in seinen Schrein eindringt
, mit Gezeitengeheimnis
und göttlicher Majestät.
Er tritt jetzt ein, wie das Hochzeitsmeer
der Liebe zuerst in unsere Herzen eindrang, um
auf ewig Herr ihrer Gezeiten
und Meister zu sein!

HOHES ALTER

Ich habe die Wildgänse gehört,
ich habe die Blätter fallen sehen,
letzte Nacht war Frost
an der Gartenmauer.
Es ist heute weg
Und ich höre den Wind rufen.
Der Wind?... das ist alles.
Wenn die Schwalbe leuchten wird,
wenn der Abend naht; Wenn der Kranich nicht
wie eine Seele in Angst
schreit ;
Ich werde nicht mehr
an das sterbende Jahr denken,
und an den Wind, seinen Seher.

AUF DEM YANG-TSE-KIANG

Die Yang-tse-Fledermausflügel-Dschunke hinunter
und Tatterdemalion-Sampan gleiten,
Segel aus Braun, Schwarz und Gelb schwingen.
Fischäugig und farbenfroh nehmen sie
die Yang-tse-Fledermausdschunken hinunter und
reiten träge zum Meer.
Die Kulis singen.

Draußen auf dem Feld schuften die Bauern,
und entlang des Kanals gleiten die niedrigen Schleppseile,
auf denen sich die Früchte der roten Persimone stapeln.
Draußen auf dem Feld schuftet der Bauer –
Mit Lippen und Stirn berauben die trüben Jahre
die Träume des Lebens, deren Griff
sie grimmig angezogen hat.

Hoch oben auf dem Hügel ruht der Yamên,
und der Tempel daneben schläft in der Sonne.
Weit in der Ferne liegt die trostlose Stadt in Ohnmacht.
Hoch oben auf dem Hügel ruht das Yamên,
und dunne tote Schatten laufen darüber:
Dies ist das Land, in dem die Zeit begann
und jetzt müde wird.

DIE SEEARMEE

Die vom Wind geführten wilden Seeheere
folgen uns,
Millionen von Weißkämmen ziehen schreiend weiter.
Sie haben ihr Lager der Ruhe gebrochen und
die Weltrebellion überwunden,
mit einem Banner aus Wolken und Nebel über ihnen.

Sie haben den Ruf des unendlichen Todes gehört,
den Befehl seines Wortes: „
Steht auf, zieht aus und siegt, wo ihr könnt;
denn das ist das einzige Gesetz, das ihr kennt.
Seinen Auftrag haben die Menschen gehört.
Lasst sie auf der Hut sein, wenn sie euren Weg überqueren." .

„Lasst sie auf der Hut sein, denn ich bin der Herr
über alles, was auf Erden einen Namen hat,
Und dir ist meine größte Macht gegeben.
Reitet weiter, ihr habt so manches Schiff zu zerreißen
und so manchen Mast zu verstümmeln,
und so manches Land zu peitschen und viele Seelen zu erschrecken.

So reiten sie weiter, eine verheerende Horde,
von Ufer zu bebendem Ufer,
hinter uns in der trostlosen, von Sternen übersäten Morgendämmerung;
Ich wisse auch nicht, dass, wenn sie wieder ihr Lager aufgeschlagen haben
und schlafen, das Leben
ihrer Welt die Hoffnung zurückgeben wird, die sie zurückgezogen haben.

Der Christ im Exil

(*Mandalay*)

Die Palmen entlang der alten Festungsmauer verblassen,
Die Berge im Abendlicht sind rot,
Der Mond ist vom Himmel in den Burggraben gefallen,
Ein barbarischer Zauber liegt über allem.
Aber was geht ihn das an, ein Fremder, einsam,
in einem Land, das all seinem Glauben fremd und düster ist?
Er kümmert sich nicht um alte Pracht, er würde nur
eine einfache Sabbathymne in der Luft hören.

Die Reisvögel nehmen ihren schneebedeckten Flug
von der hohen Tamarinde zu ihrem Nest,
die Ochsenkarren entlang der Straße knarren,
die Signalhörner über der Mauer ertönen zur Ruhe.
Auf einem ruhigen Steg mit Blick auf Mekka
beobachten die Söhne Mahomets den Sonnenuntergang.
Auch er wartet darauf – mit dem Echo
der Hymne eines Gläubigen auf seinen Lippen.

Die roten Tortürme erheben sich gegen die Dämmerung.
Der Palast des heidnischen Königs ist verborgen.
Die weiße Brücke, die sich daneben über den Wassergraben beugt,
scheint jetzt von allen Unheiligkeiten befreit zu sein.
Er wünschte, es wäre so mit dieser ganzen Stadt,
deren von Buddha erbaute Pagoden himmelwärts schwimmen;
Aber er kann sie nur anschauen und mitleiden –
und in seinem Herzen eine christliche Hymne singen.

DIE PARSÄIN

(*In Bombay*)

Vertreibe mich aus deiner Mitte,
ich werde mein Kind nicht sehen,
wo die Geier
nach ihm schreien, wild!
Die Erde, die du sagst, ist heilig und
darf nicht durch den Tod befleckt werden.
Und ein Parse sollte immer noch das Göttliche bewahren,
was Zoroaster sagt.

Ja, und so werde ich es halten,
aber sehe sein blasses, süßes Gesicht,
so rein wie die blasseste Blume, die
in der Umarmung des Frühlings tot zurückgelassen wurde.
Die Sonne, die wir täglich verehren,
hat sie sieben Jahre lang verehrt,
Soll es dann zu den grausamen Schnäbeln gelangen,
dorthin, wo der Meereswind weht?

Nein nein Nein! Du schickst mir
einen Bettler von deiner Tür,
Du, mein Herr, den ich ehre,
und du, seine vier Schwestern,
zu denen keine Kinder gekommen sind,
um deine Herzen
zu erfreuen
krankes Gehirn-Reel.

Ah, du bist taub? Du verachtest mich
und verabscheust mich als etwas Verunreinigtes?
Mein Herr, ich bin nichts weiter als eine Frau
, die sich danach sehnt, ihr Kind
in einem Grab begraben zu sehen, behütet
unter der verhüllenden Grasnarbe.
O hätte ich nie ein Kind geboren,

Oder dass die Erde keinen Gott hatte!

SHAH JEHAN AN MUMTAZ MAHAL

Wie in einer blassen Fata Morgana sehe ich
die Palme, die über dir schwankt, und
das Wasser des Jumna Wan, das schlägt.
Eine Perlenwolke, wie ein fernes Taj,
Eine Kuppel aus Trauer verrät –
Ihre Schönheit wird zu flüchtig sein, so wie sie war!

Die Welt ist größer, als ich wusste,
jetzt, wo dein Gesicht weg ist!
Während du hier warst, schien kein Schicksal grenzenlos zu sein.
Ich bin also verloren und finde keinen Hinweis
auf irgendeine Dämmerung oder Morgendämmerung!
Das Leben ist zu einer verfallenen und grundlosen Suche geworden.

Komm zurück! Komm zurück oder lass mich finden.
Der Dschungel führt endlich
Bis zu deinen Lippen und deinem Busen wiederhergestellt!
Oh, irgendwo muss ich wieder
meine Arme um dich schlingen,
meine unverminderte Liebe in ein Wort fassen!

PRINZESSIN JEHANARA

Wo die Straße von Delhi nach Süden führt
und schmuddelige Kamelzüge durch den Staub kriechen,
vorbei an den Trümmerhaufen des alten Firozabad
und Indropat, ohne Mitleid mit der Dürre;
An einem einsamen Baum, über einem Teich, dessen trauriges
Gebetswasser alle Turbanträger vertrauen,
befindet sich ein von der Hitze verborgenes Grab, und darauf nur
ein paar schwache Halme gebogenen und trauernden Grases.
„Jehanara ist es",
erzählt ein Moslem mit offenem Mund dem Fremden, „einmal sagte sie:
‚Die Decke der Armen ist nur Gras,
lass es mein allein sein, wenn ich tot bin.'"
Und wer hat dort gestanden, wo ungefähr? Ihre Ruhe
erhebt sich hoch zu den kaiserlichen Gräbern und weiß, dass ihres das
Beste ist.

Eine singhalesische Liebesklage

Wie die Kokosnusspalme,
die kiefern, meine Liebe,
Weg vom Klang
der Stimme des Pflanzers,
Bin ich, denn ich höre Dein Lied
nicht mehr
am perlenübersäten Meer widerhallen!
Die Sonne mag kommen
und der Mond sich runden,
und in seinem Strahl
mögen sich meine Kameraden freuen,
aber ich feiere nicht
und mein Herz ist stumm,
während ich mich, oh, nach dir sehne!

In den Tiefen des Dschungels,
wo die Kobra kriecht,
lauert der Leopard auf mich.
Aber oh meine Liebe,
wenn das Tageslicht stirbt,
ist meine Angst größer als er!
Harte, einsame Tränen
, die meine Augen befallen,
sind schlimmer zu ertragen,
denn das Elend
, das sie gesund macht,
sind die langen, langen Jahre
, die ich von dir seufze!

O noch einmal, noch einmal,
mit meinem Katamaran
A-Kiel würde ich
zu deiner Palmentür stoßen!
Noch einmal würde ich
das Heben und Schweigen
deines Liedes am Wegerichbaum hören.
Aber in weiter Ferne
mühe ich mich ab und zerschmettere
die Hoffnungen, die
im Innersten meines kranken Herzens aufkommen.

Denn nie naht
er, der Tag
, der mich wieder zu dir zieht!

AM Arabischen Golf

Aus einem fernen Minarett aus treuen Wolken
schrie ein Muezzin-Gespenst des Sonnenuntergangs
über das Meer, das mit Sultansstolz schwankte: „
Allah ist Schönheit, es gibt keine außer ihr!
Allah ist Schönheit, die weder
durch den Tod noch durch einen Ungläubigen mit dunklen Augenbrauen
geleugnet werden kann." !"

Und jede Welle, die anbetete, jede einzelne
unter der Moschee des Himmels, die sich hoch wölbte,
erhob mit zustimmendem Seufzen einen weißen Kamm
und antwortete: „Lasst alle Götter außer Allah sterben,
ja, lasst alle Götter! Bis die Welt schreien wird,
ist nur noch die Schönheit übrig." unter der Sonne!"

DER RAMESSID

Auf ein Bild aus unsterblichem Stein,
sitzend und riesig, fällt der Mond von Luxor und
verleiht ihm eine Stille, die entsetzlich ist.
Ein mysteriöses, osirisches und seltsames Bild.
Die in einsamer
und ruhiger Majestät auf die Knie gelegten Hände offenbaren die Macht
Ägyptens in seiner triumphalsten Stunde,
die Ruhe der Tyrannei, die sich nicht ändern kann.
Es ist von diesem großen König, der die Schreie
von Millionen hörte, die sich abmühten, ihn in den Himmel zu erheben,
der sie bei ihrer Aufgabe wie Fliegen umkommen sah, der
aber kein mitleidiges Auge über sie schweifen ließ.
Wie schade wäre es dann, wenn sein entweihtes Gesicht wäre

Verrottet jetzt in Kairo in einem Mumienkoffer?

Unsterbliche Feinde

In Bedrashein zwischen den Pyramiden
sah ich, wie die geflügelte Sonne ihre Schwingen entfaltete
und in die Herrschaftsgebiete der Unterwelt sank,
wo Seth den ägyptischen Toten Unheil zufügen wollte.
Ich sah die uralte Wüste, die
den Nil um die Dattelländer dazwischen überbot, sich ausbreiten,
sich über das verschwundene Memphis legen,
ein weiteres Leichentuch aus Sand, dann befahl er seinen Dienern,
die Winde, sich auf ihr grenzenloses Bett zu legen.

Ich habe gesehen, wo Tempel, die Serapis gelobt wurden,
und Granitpracht, die Menschen Pharaonen nennen,
von der Zeit in Stille und sardonischer
Verborgenheit bewahrt werden – mumiert in tiefen mystischen Gräbern.
Und als die Sterne in stiller Glückseligkeit hervorkamen,
hörte ich die Ewigkeit mit all ihren Verhängnissen,
der Vergangenheit und der Zukunft, sanft die Erinnerung
an den Tod erklingen lassen, der alle Welten erwartet, die das Leben
umschließt.

Der Wehrpflichtige

Das Kamel im alten Sakiyeh
quält sich immer wieder.
Er hat Angst vor dem Nil
und vor dem klagenden Geräusch
des langsamen Rads, das er den ganzen Tag dreht,
um das Wasser auf seinem Weg
über die Felder von Ahmed Bey zu heben,
auf denen es reichlich grünes Getreide gibt.

Auch er hat Angst vor den Fellachen , die ihn
mit lautem Gesang
weitertreiben, bis der Tag
über dem Westen vorbei ist.
Für die kühne Wüste wurde er geschaffen,
der Beduine, sein Herr, um zu helfen,
Nicht für dieses bäuerliche Handelsrad
, das jemals gezogen werden muss.

Aber er arbeitet weiter, während Dahabiyeh
und die dunkle Feluke
unter ihm auf dem glasigen Fluss der Flut
des grauen Flusses gleiten.
Dann, wenn die Nacht gekommen ist, legt er sich nieder,
im Schlaf den knechtischen Tag, um zu ertrinken –
wie alle, die das Leben mit einem Stirnrunzeln
von ihrem wahren Schicksal abwendet.

NAVIS IGNOTA

Herr, welches Schiff fährt heute aus?
Ich sehe sie nach Westen gehen.
Soll sie deine Winde richtig haben,
Sterne, die sie mit ihrem Licht leiten,
soll sie die Meere fegen, um
Land und Hafenruhe zu sehen?

Furchtbar ist dein Ozeanzorn,
und niemand kann deine Untiefen kartieren
, wenn ein unerbittlicher Sturm
die Sonne und den Weg des Planeten verwischt hat.
Soll sie, Herr, dem Schaden entkommen
und mit all ihren Seelen leben?

Denn es ist eine schöne Sache
, dass Schiffe über das Meer fahren.
Prächtig ist ihr Sturz und ihre Schwingen
in Wellen, die schäumen und
Mahlströme an ihren Bug schleudern, um
sie dem Schicksal zu stürzen.

Und auch sie reitet mutig
in die Dunkelheit.
Jetzt verlieren sich ihre Lichter in den Fluten
des windigen Gischts, der
durch die Dunkelheit gleitet. Herr, bleibt
deine Taube bei ihr – oder Untergang?

Ich werde es vielleicht eines Tages wissen,
oder wenn ich es nicht weiß, werde ich mich daran erinnern, wie gern mein
Herz
für ein Schiff
betete , das sich tapfer
seiner Aufgabe stellte: O Herr, so möge
jedes Schiff von uns allen!

DAS KREUZ DES GRABES

Im Inneren des Heiligen Grabes, brusthoch,
gibt es ein Kreuz, das unzählige Lippen geküsst haben,
Millionen, die die Welt längst zu Staub gemacht hat,
Millionen, die jetzt darauf hoffen, aber zu sterben.
Ich sah Pilger aus fernen, glühenden Ländern
des Aberglaubens, im Norden, im Westen und im Süden.
Jeder beugte sich ihm mit zitterndem, ehrfürchtigem Mund zu
und kniete dann nieder, wo Christus angeblich die Bande des Todes löste.
Und dann fragte ich mich, ob derjenige, der
an den einen Gott glaubte, dadurch verletzt wurde,
ob er bei jedem ekstatischen Kuss zurückschreckt,
oder ob er weiß, wie sehr die Menschheit betrübt ist,
und auch weiß, dass es besser ist, Hoffnung zu geben
als Wahrheit, wenn nur einer dabei ist der Spielraum des Menschen.

DIE NONNE

Eine einsame Palme lehnt im Mondlicht
über einer Klostermauer.
Das Meer unten erwacht und bricht
Mit leisem Heben und Fallen.
Am Fenster sitzt eine junge Nonne;
Für den Himmel ist sie zu schön;
Doch sogar die Taube Gottes könnte
in ihrem Schoß nisten und dort schlagen.

Ein einsames Schiff verlässt den Hafen:
Wen entführt es?
Ihr sündiger Geliebter hat sich getrennt
und sie nur zum Beten verlassen?
Sie hat keinen Liebhaber und hat auch nie
aus der Ferne den Seufzer der Liebe gehört.
Nur das Vespergelübde des Klosters
hat ihr Auge jemals getrübt.

Denn niemand weiß mehr von ihrer Schönheit
als die Handfläche ihres Friedens.
Und wer jenseits des Portals Christi zu den sterblichen
Wünschen würde die Knie beugen?
Die Wege der Welt haben Blumen,
und jeder, der sie pflückt;
Aber lass es jemals einen Ort geben
, an dem niemand Gottes Rose pflücken darf.

ALPENGESANG

Ich stapfe durch die Berge.
Sie erheben sich weiß um mich herum,
Schneegipfel wie Patriarchen,
die der Winter inthronisiert hat.
Ich stapfe die Täler hinauf
, Wo die Katarakte mich ertönen lassen.
Donner, den sie schrill ertönen lassen.
Von Ewigkeit her.

Ich stapfe durch die Berge,
mit den Wolken als Gefährten,
weichen Wolken, die schweben und sich
von Felsen zu Felsen klammern.
Ich gehe an den Chalets vorbei
, die über den hohen Schluchten hängen,
 Vorbeigehen, wo die Hirten
und die Herden zurückbleiben.

Ich stapfe durch die Berge
, wo die Kiefern in stolzer Prozession
wie ein zäher Heer
zu Heiligenscheinhöhen der Sonne emporsteigen.
Ich lausche auf die Ausbrüche
des hessischen Lawinenschleuders
aus Eis und Granit
in die Buchten von Avernian.

Ich stapfe durch die Berge
und der Wind jodelt zu mir.
Sehnsüchte der Gletscher
, in die Sommerländer zu fließen.
Ich steige die Täler hinauf,
ohne mich zerstören zu wollen —
denn heute bin ich ziellos
und der große Gott versteht!

DER MANN DER MÄCHT

Kein Moment lag zwischen seinem Denken und Handeln,
kein Morgen starb zwischen seinem Traum und seiner Tat.
In seiner Seele gab es keine verhängnisvolle Fraktion
, die ihn in der Stunde der Not verraten hätte können.

IN ZEITEN DER Ehrfurcht

Der wilde Meeressonnenuntergang über der Welt
springt wie ein verwundeter Geist,
die Wellen haben den ganzen Tag gezischt und geschleudert,
ihre Reißzähne und die Gischt haben gefegt und gewirbelt,
und Schiffe in der Höhle des grauen Sturms haben ihre Segel eingerollt
– mögen sie es wohl fürchten!

Die Nacht wird nur ein monströses Brodeln
elementarer Schrecken sein.
Die Wolken werden
die Winde, die in ihnen wehen, in einen gespenstischen Kranz aus
Düsternis hüllen,
und alles, was im Meer darunter lebt,
wird durch Furcht sanft gemacht;

Und sinke hinab in die tieferen Tiefen,
Unterhalb des Schaums und der Unruhe.
Unten, wo das düstere Wasser
immer schläft und der langsame Sand kalt kriecht
Über das einsame Wrack, das der Tod bewahrt,
um ihn vor dem Vergessen zu schützen.

Und dort in der unheilvollen, weiten Stille
werden sie wie verzauberte,
kühle Gestalten beherbergen, die er auf seltsame Weise aus
der Stille seiner Herrschaft heraufbeschworen hat; Dort schweben sie, bis
sie erneut den
Hunger verspüren, der sie keucht.

Und dann werden sie noch einmal weit hinauf springen,
um sich treiben zu lassen, sich zu vergnügen und zu plündern,
Haie, Aale, Wale und Teufelswesen,
mit Zähnen zum Zerreißen und Schwanz zum Stechen.
Am Meer, o Gott, klammert sich der Schrecken fest
und verfolgt alles Wunder.

SONNENAUFGANG IN UTAH

Die braunen Sandklippen, die das Meer der Wüste durchbrechen, erhoben
sich
plötzlich bei meinem Anblick im Morgengrauen,
und schrecklich in einer Ewigkeit
des Todes nahm der Sonnenaufgang lautlos seinen Lauf.
Lila Trauer aus zerrissenen Himmeln, die
über ihre stolze Unfruchtbarkeit hinweggeschwemmt sind,
nur um zu sterben, wie hier alle Herrlichkeit stirbt,
auf Unfruchtbarkeit, von der ich nicht geträumt hätte, dass sie sein könnte.
O Gott, für einen Vogelgesang! oder das Öffnen der Lippen
nur einer Blume in der tödlichen Luft,
denn nur die Stimme des Wassers, wenn es tropft,
oder das Rühren der Blätter, das der Tageswind bemerkt!
O Gott, für diese, für das Leben! oder aus dem Angesicht
der Welt einen so irreparablen Ort wischen!

TROST

ICH

Kommt zu mir, Schatten, den Hügel hinunter,
Legt euch sanft zu meinen Füßen.
Die Sonne hat ihren Willen gewirkt
und der Tag ist vorüber.
Komm sanft zu mir und destilliere
deinen Tau und deine Träume, die Hitze
und Stunden herzlosen Glanzes überrollt haben.

II

Kommt zu mir, Schatten, den Hügel hinunter
und bringt mit euch die Nacht,
Glühwürmchen und den Whippoorwill
und ach, den Mond –
Deren sanfte Interpretationen können
die verworrenen Zungen von richtig
und falsch, von Hoffnung und Angst, die den Mittag heimsuchen, stillen.

III

Komm zu mir, Schatten, den Hügel hinunter –
und lass den Schlaf folgen,
der Gottes Flutwille ist , der
die Welt
überflutet – das Übel auslöscht
und in seinem beruhigenden Schwung
mehr von Barmherzigkeit murmelt, als der Mensch weiß.

WELLEN

Die Abendsegel kommen
mit der Dämmerung in ihren Flügeln nach Hause.
Das Hafenlicht über den düsteren
Quellen;
Der Wind singt.

das nächtliche Leid des Meeres
zu erzählen und
weben in ihrem uralten Zauber
mehr
als das Wissen der Erde.

Der aufgehende Mond weht seltsame
niedrige Köder über die Flut,
auf der meine trüben Gedanken zu schweben scheinen,
Schritt
für Schritt, Bis
sie sich mit überflutendem Nervenkitzel schließlich
mit den Wellen zu vermischen scheinen, die aus dem ewigen Willen
kommen, ohne Ende.

VIS ULTIMA

einem Gipfel
führt , der unmöglich zu erklimmen ist,
zu einer Aufgabe, bei der meine Hände versagen müssen,
zu einem Meer, auf dem ich weder schwimmen noch segeln kann.
Es gibt keine Nacht, in der ich leide,
aber das Schicksal regiert streng und blass:
Und doch werde ich tun, was ich tun soll
, bevor der Tod seinen Schleier fallen lässt.

Und es soll keine Kleinigkeit sein,
auch wenn es in Vergessenheit gerät,
denn ich werde danach streben durch alles
, was gefährden oder erschrecken kann.
So steige ich jeden Morgen beim Trompetenklang
wieder auf, weniger Sklave und Knecht,
und stoße freudig auf die Barrieren
mit einer Tapferkeit, die es verschmäht, zu kriechen.

MEREDITH

Was lese ich? Er ist tot?
Er, der große Dolmetscher
und Seher – Englands edelstes Oberhaupt?
Was lese ich? Es ist verstummt?
Die tiefste Stimme, die das Leben gefunden hat,
um ein Jahrhundert tiefgreifend zu lesen
, mit all dem Auf und Ab der Zeit?

Nun, es ist nur ein spärliches Dutzend
Tage her, seit ich an seiner Seite,
seine Hand mit mehr als Stolz umklammernd,
spürte, dass die unsterbliche Flut
seines großen Geistes noch lange über
dem kalten Befehl des Todes brechen würde.
Noch immer hallt es in meinem Ohr wider
Die Brandung seiner starken Worte, und immer noch
gegen die wilden Bäume auf dem Hügel,
unter dem seine Hütte geschützt ist,
sehe ich, wie seine grauen Locken hin und her geworfen werden,
wie die von Lear – denn er hatte den Schmerz gespürt,
das Königreich seines Geistes allzu sehr aufzugeben
diejenigen
, die ihn deswegen für verrückt hielten.

O England, behüte dein Leben
wie er vor einem ähnlichen Schicksal!
Denn nicht der mächtige Donner
deines stolzen Namens von allen Felsen
der ganzen Welt kann
eine Nation entschädigen, die kein Lied erfreut,

Und den kein Seher groß macht.

DAS ENDE